BEI GRIN MACHT SICH IHR
WISSEN BEZAHLT

- Wir veröffentlichen Ihre Hausarbeit,
  Bachelor- und Masterarbeit

- Ihr eigenes eBook und Buch -
  weltweit in allen wichtigen Shops

- Verdienen Sie an jedem Verkauf

Jetzt bei www.GRIN.com hochladen
und kostenlos publizieren

Bibliografische Information der Deutschen Nationalbibliothek:

Die Deutsche Bibliothek verzeichnet diese Publikation in der Deutschen National-bibliografie; detaillierte bibliografische Daten sind im Internet über http://dnb.d-nb.de/ abrufbar.

Impressum:

Copyright © 2015 GRIN Verlag, Open Publishing GmbH
Druck und Bindung: Books on Demand GmbH, Norderstedt Germany
ISBN: 978-3-668-15661-6

Dieses Buch bei GRIN:

http://www.grin.com/de/e-book/316741/xml-gegen-edifact-flexibilitaet-gegen-standardisierung-austausch-elektronischer

Max Knechten

XML gegen EDIFACT, Flexibilität gegen Standardisierung. Austausch elektronischer Daten im Geschäftsverkehr

Ein kritischer Vergleich ausgewählter Standards

GRIN Verlag

GRIN - Your knowledge has value

Der GRIN Verlag publiziert seit 1998 wissenschaftliche Arbeiten von Studenten, Hochschullehrern und anderen Akademikern als eBook und gedrucktes Buch. Die Verlagswebsite www.grin.com ist die ideale Plattform zur Veröffentlichung von Hausarbeiten, Abschlussarbeiten, wissenschaftlichen Aufsätzen, Dissertationen und Fachbüchern.

Besuchen Sie uns im Internet:

http://www.grin.com/

http://www.facebook.com/grincom

http://www.twitter.com/grin_com

Ein kritischer Vergleich ausgewählter Standards zum Austausch elektronischer Daten

im Geschäftsverkehr:

XML gegen EDIFACT, Flexibilität gegen Standardisierung

Hausarbeit

Vorgelegt von

Max Knechten

Aus Krefeld

geboren: 19.07.1993

Hochschule Niederrhein

Fachbereich Wirtschaftswissenschaften

Studiengang Wirtschaftsinformatik

Wintersemester 2015/2016

Inhaltsverzeichnis

Abkürzungsverzeichnis

Abb.	Abbildung
Dipl.-Kfm.	Diplom Kaufmann
DV-System	Datenverarbeitungssystem
EDI	Electronic Data Interchange
i.d.R.	in der Regel
Matrikel-Nr.	Matrikelnummer
o.	oben
o.V.	ohne Verfasser
s.	siehe
s.o.	siehe oben
SGML	Standard Generalized Markup Language
SME	Small- and Medium-Sized Enterprises
UN	United Nations
UN/CEFACT	United Nations Centre for Trade Facilitaion and Electronic Business
UN/EDIFACT	United Nations Electronic Data Interchange for Administration, Commerce and Transport
UNECE	United Nations Economic Commission for Europe
VAN	Value Added Network
vgl.	vergleiche
VPN	Virtual Private Network
W3C	World Wide Web Consortium
WWW	World Wide Web
XML	Extensible Markup Language
z.B.	zum Beispiel

Abbildungsverzeichnis

1 Einleitung

In der heutigen Zeit spielt die Kommunikation zwischen Unternehmen eine wichtige Rolle. Wichtige Informationen werden miteinander ausgetauscht und weiterverarbeitet. Dies geschieht über sogenannte Schnittstellen.

Schnittstellen sind definierte Übergänge zwischen zwei oder mehreren Datenübertragungseinrichtungen, Hardwarekomponenten, logischen Softwareeinheiten oder auch zwischen Menschen und Computern.

Um die Kommunikation zwischen innerbetrieblichen oder zwischenbetrieblichen Geschäftsabläufe zu beschleunigen und zu optimieren werden in Unternehmen Daten auf elektronischem Wege übermittelt. Dazu werden definierte Formate benötigt, um Inhalte für die beteiligten Systeme erkennbar zu machen.

Die nachfolgenden Kapitel der Arbeit befassen sich mit dem elektronischen Datenaustausch im Geschäftsverkehr (englisch: „Electronic Data Interchange - EDI") und einem kritischen Vergleich zwei ausgewählter Formatstandards, XML und UN/EDIFACT. Des Weiteren wird die Frage betrachtet, ob die Formate wirklich für Flexibilität und Standardisierung stehen. Diese Frage und andere dargelegte Ausarbeitungen dieser Arbeit beruhen auf eigene Nachforschungen in der gängigen Fachliteratur.

Ziel dieser Arbeit ist, einen Überblick über zwei weit verbreitete Formatstandards zur Übertragung elektronischer Daten zu geben.

2 Electronic Data Interchange („EDI")

Der Begriff des Electronic Data Interchange ist kein neuer Terminus und wird seit den 70er Jahren verwendet.

Unter Electronic Data Interchange versteht man ganz allgemein die elektronische Übertragung von Geschäftsdaten, in einem standardisierten und vereinbarten Datenformat zwischen verschiedener Datenverarbeitungsanwendungen.[1]

Ziel der EDI ist es, eine Kommunikation zu ermöglichen, mit der über Unternehmensgrenzen hinweg Geschäftsprozesse gesteuert und zum Teil sogar automatisiert werden können. Außerdem soll EDI die bei einem Geschäftsprozess zahlreich anfallenden Papierdokumente wie Bestellungen, Bestätigungen, Aufträge, Rechnungen, Lieferscheine uns so weiter ersetzen.[2]

Datenansammlungen werden per EDI-Nachricht an eine Datenverarbeitungsanwendung gesendet. Diese Nachricht ist jedoch nur sinn- und wertvoll, wenn diese richtig interpretiert werden kann. Eine Bestellung stellt ein klassisches Beispiel einer solchen EDI-Nachricht dar. Diese beinhaltet zum Beispiel Informationen über den Besteller, bestellte Güter, das Datum oder auch logistikrelevante Aussagen.[3] Demnach muss eine Nachricht so formatiert sein, dass Rechner von anderen Unternehmen diese weiterbenutzen und verarbeiten können.

„Aufgrund der Verwendung standardisierter Datenformate können dabei sowohl die bei den Kommunikationspartnern eingesetzten Softwarelösungen als auch die Hardwareplattformen von unterschiedlichen Herstellern stammen."[4] Demnach muss „jedes Unternehmen lediglich einmal sein In-House-Format in das verwendete Standarddatenformat, z.B. EDIFACT, abbilden".[5]

---

[1] Vgl. Mattes, F.: Electronic Business-to-Business. E-Commerce mit Internet und EDI, Stuttgart 1999, S. 95
[2] Vgl. Lackes R.: Electronic Data Interchange (EDI), http://wirtschaftslexikon.gabler.de/Definition/electronic-data-interchange-edi.html, Zugriff am 04.01.2016
[3] Vgl. Mattes, F.: Electronic Business-to-Business. E-Commerce mit Internet und EDI, Stuttgart 1999, S. 96
[4] O.V.: EDI (electronic data interchange). Elektronischer Datenaustausch, http://www.itwissen.info/definition/lexikon/electronic-data-interchange-EDI-Elektronischer-Datenaustausch.html, Zugriff am 04.01.2016
[5] O.V.: EDI (electronic data interchange). Elektronischer Datenaustausch, http://www.itwissen.info/definition/lexikon/electronic-data-interchange-EDI-Elektronischer-Datenaustausch.html, Zugriff am 04.01.2016

EDI-Daten können über verschiedene Wege ausgetauscht werden. So zum Beispiel über:

- VAN (deutsch: Mehrwertnetz o. Mehrwertnetzwerk). Hier ist beispielhaft das elektronische Postfach[6] (Telebox) zu nennen.[7]
- Direktverbindungen über gesicherte VPN-Tunnel
- Per verschlüsselter E-Mail als Dateianhang
- Web-Schnittstellen (Web-Services) Dienste, die über das Internet bereitgestellt werden, um Daten aufzunehmen
- Physische Datenträger wie Diskette, Band, CD/DVD, Festplatte (wird vorwiegend bei großen Datenmengen eingesetzt oder wenn aus Sicherheitsgründen eine Online-Übertragung ausscheidet.)

2.1 Stand-Alone-EDI

Der elektronische Datenaustausch der „Stand-Alone-EDI" ist in keinerlei Prozesse des Unternehmens oder in das Hauptrechnersystem integriert.[8] Daten werden manuell in DV-Systeme eingetragen und dort in das „In-House-Format" umgewandelt, mit dem Ziel die eingegebenen Daten auszudrucken oder kurz verfügbar zu machen. Durch diese Verfahrensweise wird dieses System auch als „Door-to-door-EDI" bezeichnet.[9] Sinnvoll ist diese Art der EDI-Integration, um die Kommunikation der Geschäftspartner schneller und kostengünstiger zu gestalten. Gerade für häufig wiederkehrende und umfangreiche Dokumente lohnt es sich diese Art der Datenübertragung einzusetzen.

---

[6] Vgl. Mattes, F.: Electronic Business-to-Business. E-Commerce mit Internet und EDI, Stuttgart 1999, S. 96
[7] Vgl.: Wittenbrink, H. u.a.: XML IM E-BUSINESS, in Köhler W.; Wittenbrink (Hrsg.): [XML]. Wissen, das sich auszahlt, Berlin 2003, S. 598
[8] Vgl. o.V.: EDI (electronic data interchange). Elektronischer Datenaustausch, http://www.itwissen.info/definition/lexikon/electronic-data-interchange-EDI-Elektronischer-Datenaustausch.html, Zugriff am 05.01.2016
[9] Vgl. Georg, T.; Gruber, P.: Elektronischer Geschäftsverkehr: EDI in deutschen Unternehmen, München 1995, S.80 f.

2.2 Integrated-EDI

Das „Integrated-EDI" zeichnet sich dadurch aus, dass die beiden Applikationssysteme der beiden Kommunikationspartner miteinander verbunden sind.[10] Im Gegensatz zum „Stand-Alone-EDI" gibt es die Möglichkeit, die bereits übertragenen Daten im DV-System des Adressaten zur Weiterverarbeitung verfügbar zu machen. Diese Form des EDI enthält die wesentlichen Charaktereigenschaften des EDI und wird daher als „wahre" EDI bezeichnet.[11]

2.3 Full-EDI

Die wohl anspruchsvollste EDI-Lösung ist das „Full-EDI". „Von Full-EDI spricht man dann, wenn über die Integration der unternehmensinternen Applikationen mit EDI hinaus, eine optimale Ausgestaltung des Unternehmens vorgenommen und die unternehmensinternen Prozesse den EDI-Erfordernissen angepasst werden."[12]

3 Formatstandards

Das folgende Kapitel der Arbeit befasst sich mit zwei gängigen Formatstandards zur Übertragung von elektronischen Daten im Geschäftsverkehr.

3.1 UN/EDIFACT

Ein international weitverbreiteter Formatstandard ist EDIFACT (Electronic Data Interchange for Administration, Commerce and Transport). EDIFACT ist ein von der UN (genauer: von der UNECE angegliederten CEFACT Einrichtung)

---

[10] Vgl. o.V.: EDI (electronic data interchange). Elektronischer Datenaustausch, http://www.itwissen.info/definition/lexikon/electronic-data-interchange-EDI-Elektronischer-Datenaustausch.html, Zugriff am 05.01.2016
[11] Vgl. Georg, T.; Gruber, P.: Elektronischer Geschäftsverkehr: EDI in deutschen Unternehmen, München 1995, S.81 f..
[12] O.V.: EDI (electronic data interchange). Elektronischer Datenaustausch, http://www.itwissen.info/definition/lexikon/electronic-data-interchange-EDI-Elektronischer-Datenaustausch.html, Zugriff am 05.01.2016

gepflegter Formatstandard für den elektronischen Austausch von kommerzieller Daten in einheitlichen Formaten für Geschäftsvorgänge, wie z.B. Bestellungen, Rechnungen, Lieferscheine, Zollerklärungen, Zahlungsaufträge etc.[13] Deswegen wird EDIFACT auch als UN/EDIFACT bezeichnet.

EDIFACT ist ein branchenunabhängiger und dynamischer EDI-Standard, der einen permanenten Entwicklungsprozess durchläuft. Die Bedeutung der verschiedenen Felder von EDIFACT-Nachrichten wird in zweimal jährlich erscheinenden Verzeichnissen festgelegt.[14] Des Weiteren ist EDIFACT unabhängig von der Art der Übertragung, von der verwendeten Software, von der Betriebssoftware und von der Landessprache. Eine solche EDIFACT-Datei ist eine Textdatei mit einer vordefinierten Struktur und Syntax für die enthaltenen und zu übermittelnden Daten, die weltweit einheitlich ist Die Aufgabe der Syntax besteht darin, jedes Feld und alle Inhalte der Datei einheitlich festzulegen. Jedes System, welches mittels EDIFACT Datenaustausch betreibt, kann somit immer exakt das Gleiche interpretieren und ausgeben. Abweichungen führen zu einem Syntax-Error.[15] EDIFACT-Nachrichten bestehen aus Datenelementen, Datenelementgruppen und Segmenten (s. Abb. 1). Datenelemente sind z.b. Größe und Alter einer Person und die kleinste Einheit einer EDIFACT-Datei. Zusammengehörende Elemente, s.o., werden zu Datenelementgruppen zusammengefasst. Zusammengehörende Datenelementgruppen bilden ein Segment. Ein Segment beginnt immer mit deiner Segmentkennung. Die Elemente, Elementgruppen und Segmente werden durch definierte Trennzeichen („'", "+"

---

[13] Vgl. Fehling, C. u.a: E, in Springer Gabler (Hrsg.): Kompakt-Lexikon Wirtschaftsinformatik. 1.500 Begriffe nachschlagen, verstehen, anwenden, Wiesbaden 2013, S. 57 und vgl. UNECE: Introducing UN/EDIFACT, http://www.unece.org/cefact/edifact/welcome.html, Zugriff am 05.01.2015
[14] Vgl. Wittenbrink, H. u.a.: XML IM E-BUSINESS, in Köhler W.; Wittenbrink (Hrsg.): [XML]. Wissen, das sich auszahlt, Berlin 2003, S. 599
[15] Vgl. o.V: EDIFACT-Grundlagen, 2001, S. 3, http://www2.wi.fh-flensburg.de/wi/riggert/veranstaltungen/DMS/EDIFACT-Grundlagen.pdf, Zugriff am 06.01.16

und „:") voneinander abgegrenzt. Zusammengefügt entstehen Nachrichten, welche eine geordnete Sequenz von Segmenten darstellen. (s. Abb. 2)[16]

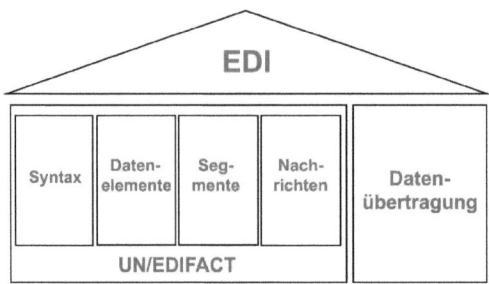

Abb. 1: Die 4 Säulen des EDIFACT Standards[17]

```
DTM+137:199904081315:203'
NAD+UD+++Kurth::Ernst::Dr.:Z01+Wohnstrasse::25:A+Musterstadt++55555+DE'
RFF+AVC:09881'
```

Abb. 2: Ausschnitt aus einer EDIFACT-Datei (114 Bytes)

3.2 XML

Die Extensible Markup Language (XML) ist ein einfaches, universales Format für die Beschreibung, sowie den Austausch strukturierter und komplexer Datenstrukturen. Eine zunehmend Wichtige Rolle spielt XML beim Austausch von Daten im WWW.[18]

---

[16] Vgl. ECOSIO: Aufbau einer EDIFACT-Datei https://ecosio.com/de/blog/2014/05/15/Aufbau-einer-EDIFACT-Datei/, Zugriff am 05.01.16 und vgl. Wittenbrink, H. u.a.: XML IM E-BUSINESS, in Köhler W.; Wittenbrink (Hrsg.): [XML]. Wissen, das sich auszahlt, Berlin 2003, S. 599
[17] Vgl. ECOSIO: Aufbau einer EDIFACT-Datei https://ecosio.com/de/blog/2014/05/15/Aufbau-einer-EDIFACT-Datei/, Zugriff am 05.01.16
[18] Vgl. World Wide Web Consortium: Extensible Markup Language (XML), http://www.w3.org/XML/, Zugriff am 06.01.16

XML ist eine erweiterbare Auszeichnungssprache, da hier nicht auf vorgegebene Elemente (vgl. o. EDIFACT) achtgegeben werden muss. Das Format bietet die Möglichkeit eigene Auszeichnungsmöglichkeiten der Elemente festlegen zu können.[19] Bei XML handelt es sich um eine vereinfachte Form von SGML (Standard Generalized Markup Language, die im Jahre 1998 vom World Wide Web Consotrium (W3C) als Metasprache festgelegt wurde.[20] SGML ist wie XML eine Metasprache. SGML strukturiert und kennzeichnet Inhaltselemente von Dokumenten in Form von Text. Dieser Text kann unabhängig vom eingesetzten Rechner und der eingesetzten Software von einem SGML-Interpreter dargestellt werden.[21] Vergleichbar mit EDIFACT, kann auch XML auf verschiedenen Betriebssystemen und unterschiedlichen Anwendungen eingesetzt werden.

XML-Dokumente werden aus Elementen aufgebaut, welche Eigenschaften durch Attribute zugeordnet werden können.[22] Der logische Aufbau einer XML-Datei beginnt mit einem Start-Tag und endet mit einem End-Tag, welche durch spitze klammern („<", „>") als Markup gekennzeichnet sind. Das End-Tag zeichnet sich dadurch aus, mit einem Schrägstrich nach der eckigen Klammer zu beginnen(„</...>"). Zwischen den Tags befindet sich der Elementinhalt.[23] Elemente können beliebig oft ineinander verschachtelt werden (vgl. Abb. 3)

[19] Vgl. Lackes, R.: XML, http://wirtschaftslexikon.gabler.de/Definition/xml.html, Zugriff am 06.01.16
[20] Vgl. Bitzer, F.:XML im Unternehmen. Galileo Computing, Briefing fürs IT-Management, Bonn 2003, S.26 f.
[21] Vgl. Wittenbrink, H. u.a.: XML IM E-BUSINESS, in Köhler W.; Wittenbrink (Hrsg.): [XML]. Wissen, das sich auszahlt, Berlin 2003, S. 88
[22] Vgl. Wittenbrink, H. u.a.: XML IM E-BUSINESS, in Köhler W.; Wittenbrink (Hrsg.): [XML]. Wissen, das sich auszahlt, Berlin 2003, S. 90
[23] Vgl. Wittenbrink, H. u.a.: XML IM E-BUSINESS, in Köhler W.; Wittenbrink (Hrsg.): [XML]. Wissen, das sich auszahlt, Berlin 2003, S. 90

```
<Person>
        <Belegdatum>199904081315</Belegdatum>
        <Personenart>UD</Personenart>
        <Typ>Z01</Typ>
        <Nachname>Kurth</Nachname>
        <Vorname>Ernst</Vorname>
        <Titel>Dr.</Titel>
        <Strasse>Wohnstrasse</Strasse>
        <Hausnummer>25 A</Hausnummer>
        <PLZ>55555</PLZ>
        <Ort>Musterstadt</Ort>
        <Land>DE</Land>
        <Kundennummer></Kundennummer>
</Person>
```

Abb. 3: Ausschnitt aus einer XML-Datei (334 Bytes)

4. Kritischer Vergleich der ausgewählten Standards

EDIFACT ist ein stabiles Format und ideal zu Unterstützung von
Geschäftsprozessen z.B. Bestellprozess (Bestellung → Bestätigung → Lieferung
→ Abrechnung). Schnittstellen auf diesem Format sind sehr zuverlässig. Darüber
hinaus verfügt EDIFACT über Servicemeldungen um z.B. den Prozess
abzusichern. (CONTRL > Bestätigung des Eingangs/Syntaxprüfung, APERAK >
Nachricht über die fachliche/inhaltliche Prüfung) und Segmentzähler für die
Vollständigkeitsprüfung.[24] Durch die Trennzeichensyntax (vgl. Abb. 2) ist das
Datenvolumen der Übertragung gering und eignet sich damit große Datenmengen
zu übermitteln. Des Weiteren sind EDIFACT-Nachrichten so hoch standardisiert,
dass sie von sämtlichen EDIFACT-Konvertern verstanden und übersetzt werden
können.

EDIFACT wurde zu einer Zeit entwickelt, in der die Bandbreiten für die
Datenübertagung beschränkt und teuer waren. Das führte dazu, dass EDIFACT-
Dokumente sehr stark komprimiert sind und Codes zur Repräsentation komplexer

---

[24] Vgl. UNECE: UN/EDIFACT, http://www.unece.org/trade/untdid/d00a/trmd/trmdi2.html,
08.01.2016

8

Werte nutzen. Einer EDIFACT-Nachricht fehlen alle Metainformationen, was sie schwer zu lesen macht (vgl. Abb. 2).[25] Nachrichten müssen daher über entsprechende Konverter umgesetzt werden, die relativ teuer sind. Ebenso der Implementierungsaufwand ist hoch. Gegebenenfalls kommen hohe laufende Kosten, durch die Teilnahme in einem VAN hinzu.[26] Das ist ein Grund dafür, dass EDIFACT meist in international agierenden Großunternehmen und nicht in SMEs (Small- and Medium-Sized Enterprises) eingesetzt wird.[27] Treten Fehler bei einer Interpretation der Nachricht auf, kann es unter Umständen sehr zeit- und kostenintensiv sein, diesen zu finden und zu bereinigen. Führt ein Unternehmen viele unterschiedliche Geschäftsbeziehungen, machen sich die EDI-Grundprobleme deutlich bemerkbar. Jegliche Transfers müssen vorab separat definiert und eingerichtet werden.[28] EDIFACT wurde für den Austausch von Daten in Textformat entwickelt und eignet sich deshalb nicht für den Austausch von unstrukturierten oder binärern Daten, wie Grafiken oder Bildern.[29]

Im Gegensatz zu EDIFACT, werden XML-Dateninhalte mit Tags versehen, welche ihnen eine Bedeutung zuweist. Eine XML-Nachricht kann nahezu jeder lesen. Die einfache Struktur der Sprache erleichtert es, XML-Anwendungen zu erstellen und zu warten, anders als bei EDIFACT. Die Applikationen sind zum Vergleich zu EDIFACT deshalb preiswerter in Betrieb und Wartung. Dazu wird XML von vielen Anwendungen unterstützt, i.d.R. aber direkt durch die Anwendung selber unterstützt. XML ist universeller nutzbar und veränderbar.[30]

Durch die Flexibilität des XML-Standards sind Absprachen mit dem Geschäftspartner nötig. Hier muss festgelegt werden, welche XML-

---

[25] Vgl. Mayer, M.: EDI profitiert von XML,
http://www.tecchannel.de/netzwerk/networkworld/enterpriseapplication/402886/edi_profitiert_von
_xml/, 08.01.2016
[26] Vgl. Mattes, F.: Electronic Business-to-Business. E-Commerce mit Internet und EDI, Stuttgart
1999, S. 101
[27] Vgl. Huemer, C.: XML vs. UN/EDIFACT or Flexibility vs. Standardisation, 2000,
http://eprints.cs.univie.ac.at/1397/1/BledEC2000.pdf, 08.01.2016
[28] Vgl. Mayer, M.: EDI profitiert von XML,
http://www.tecchannel.de/netzwerk/networkworld/enterpriseapplication/402886/edi_profitiert_von
_xml/, 08.01.2016
[29] Vgl. Huemer, C.: XML vs. UN/EDIFACT or Flexibility vs. Standardisation, 2000,
http://eprints.cs.univie.ac.at/1397/1/BledEC2000.pdf, 08.01.2016.
[30]Vgl. Huemer, C.: XML vs. UN/EDIFACT or Flexibility vs. Standardisation, 2000,
http://eprints.cs.univie.ac.at/1397/1/BledEC2000.pdf, 08.01.2016.

Dateninformation wie gekennzeichnet werden. Darüber hinaus sind XML-Dateien im Vergleich zu EDIFACT relativ groß (vgl. Abb. 2 und Abb. 3), benötigen dadurch eine höhere Übertragungsmenge und werden langsamer verarbeitet. Die Einfachheit von XML stellt darüber hinaus auch ein Nachteil dar, denn jede Anwendung kann ihr eigenes, spezifisches XML-Format einsetzen. Das erhöht die Wahrscheinlichkeit ansteigender spezifischer Standards.[31]

5. Fazit

Zusammenfassend wurde deutlich, dass sowohl EDIFACT, als auch XML zu den bedeutendsten Schnittstellenformaten für elektronischen Datenaustausch geworden sind. Jedes der beiden Formate wird kontinuierlich verbessert und bestehende Fehler werden berichtigt.

Hierbei steht EDIFACT tatsächlich für standardisierten elektronischen Datenaustausch. EDIFACT besteht schon lange auf dem Markt und konnte mit ihren Entwicklern Erfahrungen in der elektronischen Datenkommunikation von Unternehmen sammeln. EDIFACT ist ein Format, entwickelt für den direkten Datenaustausch in Textformat. Dieses Format ist ein sehr stabiles und ein sehr zuverlässiges Format, weswegen viele Großunternehmen EDIFACT nutzen. Besonders die Automobilbranche und die Konsumgüterindustrie setzen für die Abwicklung ihrer nationalen und internationalen Geschäftsprozesse EDIFACT ein. Die komprimierten Strukturen reduzieren die Datengröße der Nachrichten erheblich und machen sie dadurch schneller auswertbar und speicherbar. Jedoch sind die Implementierungskosten für EDIFACT sehr hoch. Dem gegenüber steht ein sehr stabiler Betrieb gegenüber

Die Eigenschaft der Flexibilität kann zweifelslos der XML zuordnen. Das ist jedoch nicht unbedingt immer als Vorteil auszulegen. Durch verschiedene Spezialisierungen entstehen kleinere XML Unterformate, die zu einer Überflutung der Formate führen können. Jedoch ist XML hierbei die kostengünstigere Alternative zu EDIFACT und für klein- und mittelgroße Unternehmen deutlich

---

[31] Vgl. Morgenthal, J.P., 2001, S. 13-16 und Beul, M. u.a. zitiert nach Buxmann, P.; Wüstner E.; Kunze, S.: Wird XML/EDI traditionelles EDI ablösen? Eine Analyse auf der Basis von Netzeffekten und einer empirischen Untersuchung, 2005, S. 414, http://link.springer.com/article/10.1007%2FBF03252654, 08.01.2016

sinnvoller zu gebrauchen. Zudem wird XML nicht ausschließlich für den Austausch von Geschäftsdaten in Unternehmen genutzt. Anders als bei EDIFACT können hier auch andere Datentypen übermittelt werden. Ihre Menschenlesbarkeit ist dabei keine realistische Vergleichsquelle, da i.d.R. Programme für die Dechiffrierung zuständig sind.

Beide der Formate sind individuell einsetzbar und stehen in direkter Konkurrenz. Jedoch spielen bei der Auswahl eines der Formate lediglich persönliche Präferenzen im Vordergrund. In vielen Fällen haben die beteiligten Unternehmen keine Wahlmöglichkeiten, da die verwendeten Formate innerhalb einer Branche festgeschrieben wurden. Die Verwendung eines eigenen Standards ist hier unmöglich.

EDIFACT und XML werden in der Zukunft eine wichtige Rolle bei der Optimierung des elektronischen Datenaustausches im Geschäftsverkehr spielen.

Quellenverzeichnis

I. Bücher

Bitzer, F.:	XML im Unternehmen. Galileo Computing. Briefing fürs IT-Management, Bonn 2003.
Fehling, C. u.a.:	E, in Springer Gabler: Kompakt-Lexikon Wirtschaftsinformatik: 1.500 Begriffe nachschlagen, verstehen, anwenden, Wiesbaden 2013.
Georg, T.; Gruber, P.:	Elektronischer Geschäftsverkehr: EDI in deutschen Unternehmen, München 1995.
Mattes, F.:	Electronic Business-to-Business. E-Commerce mit Internet und EDI, Stuttgart 1999.
Wittenbrink, H. u.a..	XML IM E-BUSINESS, in: [XML]. Wissen, das sich auszahlt, Berlin 2003.

II. Aufsätze und Beiträge

Morgenthal, J. P.:	XML for Data Integration, in EAI Journal, 2001, S. 13-16

III. PDF-Dokumente aus dem Internet

Buxmann, P.; Wüstner E.; Kunze, S.:   Wird XML/EDI traditionelles EDI
ablösen? Eine Analyse auf der Basis
von Netzeffekten und einer
empirischen Untersuchung, 2005,
S.414,
http://link.springer.com/article/10.100
7%2FBF03252654, 08.01.2016

Huemer, C.:   XML vs. UN/EDIFACT or Flexibility
vs. Standardisation, 2000,
http://eprints.cs.univie.ac.at/1397/1/Bl
edEC2000.pdf, 08.01.2016.

o.V.:   EDIFACT-Grundlagen, 2001, S. 3,
http://www2.wi.fh-
flensburg.de/wi/riggert/veranstaltunge
n/DMS/EDIFACT-Grundlagen.pdf.

IV. Internetquellen

ECOSIO: Aufbau einer EDIFACT-Datei, Datei
https://ecosio.com/de/blog/2014/05/1
5/Aufbau-einer-EDIFACT-Datei/,
05.01.2016.

Lackes, R.:   Electronic Data Interchange (EDI),
http://wirtschaftslexikon.gabler.de/De
finition/electronic-data-interchange-
edi.html, 04.01.2016.

Mayer, M.:

EDI profitiert von XML,
http://www.tecchannel.de/netzwerk/n
etworkworld/enterpriseapplication/40
2886/edi_profitiert_von_xml/,
08.01.2016

O.V.:

EDI (electronic data interchange).
Elektronischer Datenaustausch,
http://www.itwissen.info/definition/le
xikon/electronic-data-interchange-
EDI-Elektronischer-
Datenaustausch.html, 04.01.2016.

UNECE:

UN/EDIFACT,
http://www.unece.org/cefact/edifact/w
elcome.html, Zugriff am 05.01.2015.

UNECE:

UN/EDIFACT,
http://www.unece.org/trade/untdid/d0
0a/trmd/trmdi2.html, 08.01.2016

W3C:

Extensible Markup Language (XML),
http://www.w3.org/XML/, 06.01.16